JN153411

小学校教員を目指す人のための外国語（英語）教育の基礎

ことば野

Unit 0 ……………… 1
はじめに／本書の概要

Unit 1 ……………… 5
低学年の授業（準備編）
―打ち合わせの仕方を学びましょう

Unit 2 ……………… 11
低学年の授業（warm-up編）
―あいさつの仕方を学びましょう

Unit 3 ……………… 17
低学年の授業（活動編）
―数とhaveの扱い方を学びましょう

Unit 4 ……………… 25
低学年の授業（発展的な活動編）
―数とhaveの学習の深め方, wantの扱い方を学びましょう

Unit 5 ……………… 33
20分休み
―語順・過去形の扱い方を学びましょう

Unit 6 ……………… 39
中学年の授業（warm-up編）
―like, 言葉の並べ方を学びましょう

Unit 7 ……………… 45
中学年の授業（活動編）
―like, 単数・複数の扱い方を学びましょう

ALT：Mary Lin先生

低学年(2年)担当：田中花子先生

小学校

Unit 8 ……… 51
中学年の授業
　　　（発展的な活動編）
―he, she の扱い方を学びましょう

Unit 9 ……… 59
昼休み
―過去形の扱い方を学びましょう

Unit 10 ……… 65
高学年の授業
　　　（warm-upと導入編）
―-ing形の扱い方を学びましょう

Unit 11 ……… 71
高学年の授業（活動編）
―日付の扱い方を学びましょう

Unit 12 ……… 77
高学年の授業
　　　（発展的な活動編）
―want, canの扱い方を学びましょう

Unit 13 ……… 83
授業の振り返りと
　　　次週の打ち合わせ
―つなぎ言葉の扱い方を中心に学びましょう

Unit 14 ……… 89
前置詞の扱い方を
　　　学びましょう

Unit 15 ……… 105
マザー・グース，物語を
　　　授業に取り入れましょう

中学年（4年）担当：鈴木太郎先生

高学年（6年）担当：山田かおる先生

Unit 0

はじめに／本書の概要

1．本書の概要

　この『小学校教員を目指す人のための外国語（英語）教育の基礎』は，小学校英語指導者として求められる英語力を身につけ指導力を養うための教科書です。本書が想定するおもな学習者は，小学校教員志望の大学生および現職小学校教員です。教材の難易度は初級レベルです。このレベルは，小学校学級担任の英語力底上げを目指して設定しています。

　本書は，小学校英語教育に関わる大学授業で活用することを想定して，15のユニットで構成しています。これらのユニットを通して，ある小学校の一日（朝の打ち合わせから放課後の打ち合わせまで）を描いています。低学年・中学年・高学年の授業を基本的にそれぞれ3ユニットで扱い，英語授業の基本的な流れ（warm-up，導入，展開等）を踏まえている点が特色です。さらに，授業前・20分休み・昼休み・放課後の時間帯に，学級担任（HRT）と外国語指導助手（ALT）＊がティーム・ティーチング（team teaching）を行うために打ち合わせを行う場面や，HRTが英語についての質問をALTにする場面なども扱っています。

　＊AET（Assistant English Teacher）と呼ばれることもありますが，本書ではALT（Assistant Language Teacher）と呼ぶことにします。ALTには，英語母語話者ではない外国語指導助手の人たちも含んでいます。

　各ユニットは，次のような要素で構成されています。

◆発音コーナー（Unit 1～13）：小学校で扱う頻度が高い音声を十分に聞き取り，正確に発音する能力の習得を目指しています。Tipの箇所では，発音上の注意点や，ちょっとしたコツを示しています。

◆Dialogue（Unit 1～13）：授業や打ち合わせの場面を通して，基本的な英語力，英語のプロソディ（prosody；音の流れ，リズム，抑揚，強勢，ポーズなど），クラスルーム・イングリッシュ（classroom English）や，活動を英語で進める方法を身につけることを目標にしています。

　プロソディに関しては，2017年版『小学校学習指導要領』においても，学習すべき重要項目としてあげられています。具体的には「語と語の連結による音の変化」，「語や句，文における基本的な強勢」，「文における基本的なイントネーション」という言葉を使って説明されています。ぜひ，学習指導要領も参照しながら学習を進めてください。

◆Activity（Unit 14～15）：前置詞をイラストを通して学んだり，マザー・グースや物語を音調に注目して学習したりする機会を設定しました。

◆Column：各ユニットで扱う内容と関連づけて，英語を教える上でのポイントや，授業

実践のためのヒントを記しています。

2．本書で扱う英語とCDについて

　本書では，米国式の発音・つづりを基本に扱っています。発音の例をあげると，[ɑ] の発音記号が「発音コーナー」に収められていますが，これはアメリカ英語の発音です。つづりの上では，たとえば色に該当するつづりはcolourではなくcolorを使用しています。

　本書には，CDが付属しています。CDマークは，音声教材が用意されていることを示します。各ページのトラックNo.を見て，該当する音声とともに学習してください。CDの活用方法は，各ページの指示に従ってください。

3．本書の背景と登場人物

　本書は，「ことば野小学校」におけるある一日がモデルになっています。各ユニットでは，低学年・中学年・高学年の学級担任と子どもたち，ALTが登場します。詳細は目次をご覧ください。

4．本書を自学自習される方へ

　以下に示すチェック項目を参考にしながら，ご自身の日々の学習状況を把握してください。各項目を見て，自己分析の結果を一番左の□に記入しましょう。その際，○（そう思う），△（あまりそう思わない），？（そう思わない）のマークを使いましょう。一番左の□に○がつかなかった項目は，ぜひ○がつくまで学習してください（二番目・三番目の□を使ってください。）

★英語力チェック項目：学習状況を英語力の観点から分析する際は，以下の項目を参考にしてください。

□ □ □	英語の発音とつづりに関する基本的な知識は理解したか
□ □ □	英語の語彙に関する基本的な知識は理解したか
□ □ □	英語の文構造・文法に関する基本的な知識は理解したか
□ □ □	音調，プロソディに関する基本的な知識は理解したか
□ □ □	classroom Englishやteacher talkに関する基本的な知識は理解したか
□ □ □	ALTと打ち合わせをする際の基本的な英語表現は理解したか

★**指導力チェック項目**：学習状況を指導力の観点から分析する際は，以下の項目を参考にしてください。

   　学年（低・中・高学年）に応じた授業の組み立て方は理解したか
□ □ □ 　学年（低・中・高学年）に応じた言語活動の設定の仕方，やり取りの進め方は理解したか
□ □ □ 　team teachingを行うための授業準備・指導方法・留意点は理解したか
□ □ □ 　ALTと事前に打ち合わせをするべき内容は理解したか

> △や？がついたら，学び直しのチャンス！　この教科書をもう一度読んだり，この教科書で説明していることを図式化したり，フローチャートを作ったりしてみましょう。全部の項目に○がつくとよいですね！

5．さいごに

　本書は科学研究費助成による研究の一部を踏まえて出版しています（課題番号15K12920，研究課題名「小学校英語教育のための大学英語教材開発」，研究代表者：髙橋和子，共同研究者：佐藤玲子・伊藤摂子）。

　本書を作成するにあたっては，小学校で英語教育に携わる先生方，および小学校教員養成課程に在籍する大学生のみなさんに多大なるご協力をいただきました。この場を借りて，心より御礼申し上げます。また、明星大学出版部の名取淳さん、磯崎ひとみさんには編集の段階でたいへんお世話になりました。丸山朋恵さんには、とても素敵なイラストを描いていただきました。お世話になり、誠にありがとうございました。

　本書が，小学校教員を目指すみなさん，そして小学校の先生方のお役に少しでも立つことを願ってやみません。

著者一同

Unit 1

低学年の授業（準備編）
―打ち合わせの仕方を学びましょう

Unit 1

◆発音コーナー1

 ① 音声をよく聞いて，発音の仕方を確かめましょう。

1.　　　[æ]　　　　　　　2.　　　[ʌ]

口を左右に開きながら音を出しましょう　　口を縦に開いて短くはっきり音を出しましょう

② 下線部の発音に気をつけて，次の単語を発音しましょう。

apple　　　　cat　　　　up　　　　monkey

astronaut　　panda　　onion　　gloves

alphabets　basketball　　under　　hundred

 Tip：[æ] の音は，口の両端に力が入りましたか？

低学年の授業（準備編）

◆Dialogue 1

　朝の授業前のひととき。2年生の担任・田中先生と、ALTのLin先生が打ち合わせをしています。

HRT: Good morning.
ALT: Good morning.
HRT: Please check today's teaching plan.
ALT: We are going to study numbers today, right?
　　　"I have grapes." "I have a scissors." No, no!
　　　"I have a pair of scissors."
HRT: Really? I didn't know that! Thank you.

① 先生同士のやり取りをよく聞きましょう。
② "Good morning." を "Good afternoon." に替えて、CDの後に言ってみましょう。
③ "Good morning." を "Hello." に替えて、CDと一緒に言ってみましょう。

Unit 1

◆発音コーナー2

 ①　音声をよく聞いて，該当する絵に○をつけましょう。

1.

2.

 ②　音声をよく聞いて，つづり（spelling）を完成させましょう。

1.

c__t　　　　　　　　　　　　c__t

2.

c__p　　　　　　　　　　　　c__p

3.

c__rry　　　　　　　　　　　c__rry

 Tip：つづりを完成させたら，音の違い（口の形）を意識して発音しましょう！

低学年の授業（準備編）

◆Dialogue 2

 田中先生とLin先生が打ち合わせをしています。

① 先生同士のやり取りをよく聞きましょう。
② HRTの役になって，CDと会話しましょう。
③ "mouse"を他の動物に替えて，会話を言ってみましょう。

★Dialogue 2 の学習の仕方について

　Unit 1 の Dialogue 2 は，イラストと指示文（①〜③）を同じページに掲載し，該当する英文をあえて次のページに掲載しています。まずは英文に頼らずに，イラストを見ながらCDの音声を聞き，指示文に従って挑戦してみましょう。次に，ページを開いて，英文を参照しながら，CDの音声を再び聞き，もう一度問題を解いてください。

　この教科書には，Unit 1 以外にも，次ページを開かないと英文を見ることができないDialogue が複数あります。児童と同じように，文字以外の情報を手がかりに音声を聞いてみてください。

HRT: Let's check today's teaching schedule.
ALT: We are going to study animals today, right?
HRT: Yes. Well, I have questions.
　　　Please check here.
ALT: OK. Well, "one mouse, two mouses … . No! Two mice."
HRT: Really? I didn't know that! Thank you. See you later.

Column：TTの打ち合わせはいつするの？

　担任の先生をhomeroom teacher (HRT)，英語の母語話者または英語が得意な外国人教師をAssistant English Teacher(AET)またはAssistant Language Teacher(ALT)と呼びます。複数の教師で協力しながら授業をすることは，team teaching (TT) と呼びます。

　Dialogue 1では授業前に打ち合わせを行っていますが，中休み（20分休み）や昼休みに手短に打ち合わせを行う場合もあります。忙しい先生たちにとって，打ち合わせの時間確保は切実な問題です。打ち合わせを効果的に行うために、指導案に英語で言語材料を記載しておきましょう。

Unit 2

低学年の授業（warm-up編）
― あいさつの仕方を学びましょう

Unit 2

◆発音コーナー１

 ① 音声をよく聞いて，発音の仕方を確かめましょう。

1. [a]　　　　　　　　　2. [e]

　口を大きく開いて，音を出しましょう　　　　口を少し開いて，音を出しましょう

② 下線部の発音に気をつけて，次の単語を発音しましょう。

omelet　　　watch　　　　　end　　　　　pen

box　　　hospital　　　　any　　　　　head

hot　　　dodgeball　　　elephant　　　sweat

 Tip：口の形の違いはわかりましたか？

◆Dialogue 1

さあ，授業が始まります。今日はみんな元気かな？

ALT: Good morning, Ms. Tanaka.

HRT: Good morning, Lin-sensei. How are you?

ALT: I'm fine, thank you. And you?

HRT: I'm fine, too, thank you.

ALT: Good morning, class.

Ss: Good morning, Lin-sensei and Ms. Tanaka.

ALT: We'll give you your name tags.
     Ken?

S: I'm here.

ALT: How are you, Ken?

S: I'm fine, thank you. And you?

① 子どもたちも交えた，先生同士のやり取りをよく聞きましょう。
② CDを聞きながら，ALTの役になって言ってみましょう。
③ CDを聞きながら，HRTと児童の役になって言ってみましょう。

Unit 2

◆発音コーナー2

 ①　音声をよく聞いて，該当する絵に○をつけましょう。

1.

2.

 ②　音声をよく聞いて，つづり（spelling）を完成させましょう。

1.

h__t　　　　　　　　　　　　h____d

2.

st__p　　　　　　　　　　　　st__p

3.

H__llo.

 Tip：つづりを完成させたら，音の違いに気をつけて発音しましょう。

◆Dialogue 2

Dialogue 1とは少し違ったあいさつの場面を聞いてみましょう。

ALT: How are you, Ms. Tanaka?
HRT: Not so good.
ALT: I'm sorry to hear that. Take care.
HRT: Thank you.
ALT: Taku?
Ss:　 Not here.*
ALT: Sakura.
S:　 Present.
ALT: How are you, Sakura?
S:　 I'm great.
ALT: OK.

　*注："Not here." は，"Absent." という言い方もできます。

① 　会話の内容を理解できましたか？
② 　CDと一緒に，聞こえてくる音声の通りに言ってみましょう。
③ 　ALTが "OK" と答えられるように，下から2行目の "I'm great." を別の表現に替えて言ってみましょう。

★name tag の例

Column：授業で使う名札（name tag）の作り方のコツ

　小学校の英語の授業では，Dialogue 1のように名札を配りながら出席を取る場合があります。

　名札を作成する場合のヒントとしては，①ローマ字（訓令式）ではなくヘボン式表記を用いる，②名前の最初のアルファベットは大文字，それ以外は小文字を使う（例：Yamada Ken），③児童の状況に応じて，自分で名札を作成させる，④名前は4線上に書く，などがあげられます。いずれにしても子どもたちの実態を踏まえた，素敵なname tagができたらよいですね。

　安全上の配慮として，名札をラミネート加工する場合は角を丸くする（はさみで角を切るほか，爪切りも使えます）などの気遣いも必要です。

Column："How are you?" と聞かれて，答えは "I'm hungry." で大丈夫？

　"How are you?" と尋ねられて，"I'm hungry." といきなり答えることは，少し考えると不自然なことがわかります。このような場面で，どうしてもお腹がすいていることを相手に伝えたい場合は，"Fine, but I'm hungry." のような前置きが必要でしょう。また，"How are you?" と "How are you feeling?" は同じ意味を表すとは限りません。後者の表現は，多くの場合，事前に情報がある場合のやり取りに用います。たとえば，医師が患者の病状を尋ねる時などが考えられます。

　また，「後で」がどのくらい後なのかをはっきりさせたい時は，"See you later." と言うと曖昧に聞こえますので，"See you this Friday." や "See you in two weeks." のように，時を表す表現を加えて挨拶をすることをお勧めします。

　私たちは頻繁にあいさつをしますが，自分の思いを正しく伝えるためには注意が必要ですね。

Unit 3

低学年の授業（活動編）
― 数とhaveの扱い方を学びましょう

Unit 3

◆発音コーナー1

 ① 音声をよく聞いて，発音の仕方を確かめましょう。

力を抜いて曖昧な音を出しましょう

② 下線部の発音に気をつけて，次の単語を発音しましょう。

America	Japan	science	kitchen
Olympic	potato	welcome	breakfast
again	computer	station	banana

Tip：[ə] は，強勢のない位置に現れる母音です。力を抜いて発音できましたか？

低学年の授業（活動編）

◆Dialogue 1

warm-upが終わったら，いよいよ活動に入ります。

HRT:	Wow! You have a nice shirt. I like it.
ALT:	Thank you.
HRT:	It has many beautiful buttons on it. How many buttons does it have?
ALT:	Well, I don't know. Let's count them together.
ALT, HRT, Ss:	One, two, three, four, five, six, seven, eight, nine, ten, eleven, twelve, thirteen, fourteen.
ALT:	Oops. One, two, three, four more buttons, here.
HRT:	Wow! Fourteen plus four is eighteen. It has eighteen buttons.

① 子どもたちも交えた，先生同士のやり取りをよく聞きましょう。
② 数の発音に気をつけて，CDの後に続いて言ってみましょう。
③ 声の表情に気をつけて，CDと一緒に言ってみましょう。

Unit 3

◆発音コーナー2

13 ① 音声をよく聞いて，該当する絵に○をつけましょう。

1.

2.

14 ② 音声をよく聞いて，つづり（spelling）を完成させましょう。

1.

___llow   ___rrow

2.

sof___   so f____

Tip：つづりを完成させたら，音の違いに気をつけながら発音しましょう。

低学年の授業（活動編）

◆Dialogue 2

 どのようなやり取りが行われているのかを想像しながら，音声をよく聞きましょう。

① 数がどのように扱われているのか，理解できましたか？
② 1～20までの数字を，CDを聞いて言ってみましょう。
③ CDの音声をそっくりまねしてみましょう。

Unit 3

ALT: Look! Look at this box. What do I have in this box?
S1: Pen?
ALT: No!
S2: Pencil.
ALT: Do I have pencils in it? … . Yes, I have pencils in it. Please guess how many pencils I have in it.
S3: Ten?
S4: Eight?
S5: Fifteen?
S6: Twenty?
HRT: Do you have twenty pencils?
ALT: Let's count together.
All: One, two, three, four, five, six, seven, eight, nine, ten, eleven, twelve, thirteen, fourteen, fifteen, sixteen, seventeen, eighteen, nineteen, twenty.
ALT: Yes, I have twenty pencils. How many pencils do you have in your pencil case?
Ss: One, two, three, four, five, … .

Column：数は正しく発音できますか？　書けますか？

　小学校の英語教育では，数が頻繁に出てきます。数について尋ねたり答えたりするほか，時間・誕生日・値段などを扱う際にも数は欠かせません。
　1から100まで正しく発音できますか？　書くことができますか？　序数も含めて，繰り返し学習することが大切です。

低学年の授業（活動編）

★**序数と基数**：一覧表を見て，正しく発音できますか？

① 基数の4，14，40の音の違いはわかりますか？
② 基数15と序数15，基数50と序数50の音の違いはわかりますか？
③ 1～31までの基数，序数を確実に読めて，書けるようになりましょう。
④ 40～100の基数は読めますか，書けますか？

数字	基数	序数	序数省略形	チェック欄
1	one	first	1st	
2	two	second	2nd	
3	three	third	3rd	
4	four	fourth	4th	
5	five	fifth	5th	
6	six	sixth	6th	
7	seven	seventh	7th	
8	eight	eighth	8th	
9	nine	ninth	9th	
10	ten	tenth	10th	
11	eleven	eleventh	11th	
12	twelve	twelfth	12th	
13	thirteen	thirteenth	13th	
14	fourteen	fourteenth	14th	
15	fifteen	fifteenth	15th	
16	sixteen	sixteenth	16th	
17	seventeen	seventeenth	17th	
18	eighteen	eighteenth	18th	
19	nineteen	nineteenth	19th	
20	twenty	twentieth	20th	
21	twenty-one	twenty-first	21st	

Unit 3

22	twenty-two	twenty-second	22nd	
23	twenty-three	twenty-third	23rd	
24	twenty-four	twenty-fourth	24th	
25	twenty-five	twenty-fifth	25th	
26	twenty-six	twenty-sixth	26th	
27	twenty-seven	twenty-seventh	27th	
28	twenty-eight	twenty-eighth	28th	
29	twenty-nine	twenty-ninth	29th	
30	thirty	thirtieth	30th	
31	thirty-one	thirty-first	31st	
40	forty	fortieth	40th	
50	fifty	fiftieth	50th	
60	sixty	sixtieth	60th	
70	seventy	seventieth	70th	
80	eighty	eightieth	80th	
90	ninety	ninetieth	90th	
100	one hundred	one hundredth	100th	

Unit 4

低学年の授業（発展的な活動編）
―数とhaveの学習の深め方，
　wantの扱い方を学びましょう

Unit 4

◆発音コーナー1

 ① 音声をよく聞いて，発音の仕方を確かめましょう。

1. [ɔː] 　口を丸め，前に出して音を出しましょう

2. [ou] 　[オ]の音に[ウ]を軽く添えて音を出しましょう

② 下線部の発音に気をつけて，次の単語を発音しましょう。

A<u>u</u>gust　　ba<u>ll</u>　　<u>o</u>ld　　h<u>o</u>me

 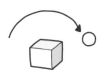

<u>a</u>ll　　sm<u>a</u>ll　　<u>o</u>ver　　Oct<u>o</u>ber

<u>au</u>tumn　　str<u>a</u>wberry　　<u>o</u>pen　　potat<u>o</u>

 Tip：2つの音の違いを意識しながら発音できましたか？

低学年の授業（発展的な活動編）

◆Dialogue 1

1～19のカードを用意して，さあ "make 20" ゲームの始まりです。
1人1枚ずつカードを渡します。

S1: I have 5. I want 15.
S2: I have 7. I want 13. ... Bye ... .（違う人へ）
S1: I have 5. I want 15.
S3: I have 1. I want 19. ... Bye ... .（違う人へ）
S1: I have 5. I want 15.
S4: I have 15. I want 5. Yeah!!

注：30人学級ならば，1～19のカード1枚ずつ＋11枚のカードが必要です。カードの枚数は適宜，調整します。10のカードは必ず2枚必要ですよ。

① 子どもたちのやり取りをよく聞きましょう。
② どんな場面かを想像して，CDと一緒に言ってみましょう。
③ 数字の組み合わせを変えて，言ってみましょう。

Unit 4

◆発音コーナー2

18 ① 音声をよく聞いて，該当する絵に○をつけましょう。

1.

2.

19 ② 音声をよく聞いて，つづり（spelling）を完成させましょう。

1.

b＿＿＿   b＿＿＿

2.

s＿＿＿   s＿＿＿

 Tip：つづりを完成させたら，音の違いを意識して発音しましょう！

低学年の授業（発展的な活動編）

◆**Dialogue 2**

20　HRT: I have sashimi.
　　　　　I want soy sauce, please.
　　S1:　Here you are.
　　HRT: Thank you.
　　ALT: I have French fries. I want ketchup, please.
　　S2:　Here you are.
　　ALT: Thank you.
　　S3:　I have takoyaki.
　　HRT: What do you want?*
　　S3:　I want mayonnaise.

　　*注：低学年の授業向けに簡単な表現を用いていますが，一般的には "Do you want anything on it?" のような表現を用います。

① haveとwantがどのような状況で用いられているのか，理解できましたか？
② 場面を想像しながら，聞こえてくる音声の通りに言ってみましょう。
③ 調味料を替えて，言ってみましょう。

Unit 4

 ★メニューの例

Menu

1. sashimi

2. sushi

3. natto

4. takoyaki

5. gyoza

6. beefsteak

7. hamburger

8. hamburger steak

9. French fries

10. hot dog

11. boiled egg

12. yogurt

低学年の授業（発展的な活動編）

22

★お客さん役が持つカード例　　★調味料を渡す係が持つカード例

★活動例
・クラスを半分に分け，一方がお客さん役，もう一方が調味料を渡す係（server）になります。
・お客さん役の児童は，Menuを見て自分が好きな食べ物が書かれたカードを1枚選びます。

★留意点
　Dialogue 2で教員が言っている"What do you want?"まで低学年の児童に言わせることは，難しいです。児童が活動で用いる英文の種類は，教員が調整する必要があります。

Unit 4

★ワークシートの例
左のメニューに対して，児童に好きな調味料を選ばせ，線で結ばせます。

Unit 5

20分休み
―語順・過去形の扱い方を学びましょう

Unit 5

◆発音コーナー1

 ① 音声をよく聞いて、発音の仕方を確かめましょう。

1. [l]

舌先を前歯裏の付け根にしっかりとつけて、音を出しましょう

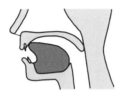

2. [r]

舌先を軽く丸め、上あごの中間あたりから舌を前に出して音を出しましょう

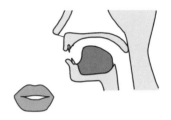

② 下線部の発音に気をつけて、次の単語を発音しましょう。

look

blue

run

hungry

left

salad

right

America

long

animals

rainy

library

Tip：舌の位置の違いはわかりましたか？

20分休み

◆Dialogue 1

20分休みのひとコマ。先生同士で次の授業の打ち合わせをしています。

HRT: Excuse me. Can I ask some questions?*
ALT: Sure.
HRT: Do you say, "I like watermelons"?
ALT: No, we say, "I like watermelon." We don't use the plural form, watermelons.
HRT: Do you say, "I like apples"?
ALT: Yes, we do.

*注：疑問文でもsomeを使うことがあります。どのような場合に疑問文でsomeを用いるのか，辞書で調べてみましょう。

① 先生同士のやり取りをよく聞きましょう。
② 場面を想像しながら，どの部分に強勢が置かれるのかを考えて発音しましょう。
③ "watermelon(s)"を"pineapple(s)"に替えて言ってみましょう。

Column：「休み時間」は英語で何て言うの？

学校の1日にはいろいろな場面があります。朝会，職員会議，休み時間，給食，掃除など。これらを英語で言えますか？　たとえば児童朝会はmorning assembly, 職員会議はstaff meeting, 休み時間はrecess, 給食はschool lunch, 掃除はcleaningのような表現が使えます。これらに加えて，子どもたちが楽しみにしている学校行事もありますね。遠足はField Trip, 運動会はSports DayやSports Festival, 音楽祭はMusic Festival, 演劇・学習発表会はDrama Festivalなどの表現が使えます。学校の1日や行事を表す英語を着実に覚えて，積極的に使っていきましょう。

Unit 5

◆発音コーナー2

 ① 音声をよく聞いて，該当する単語に○をつけましょう。

1.

right　　　　　light

2.

red　　　　　lead

3.

rub　　　　　love

4.
　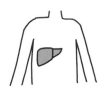
river　　　　liver

5.

rice　　　　　lice

6.

pray　　　　play

7.

fry　　　　　fly

8.

free　　　　flea

9.

arrive　　　alive

10.

grass　　　glass

②　次の英文を下線部に注意しながら発音しましょう。

1．Please turn left at the traffic light. You'll see the Russian restaurant on your left.

 2．Robin didn't want to listen to the lecture at the library at all.

 3．Let's run to the supermarket! Lemons, rice, lettuce, and roast beef are on sale today!

 Tip：意味も考えながら，正確に言ってみましょう。

Unit 5

◆Dialogue 2

  校庭で遊んでいる6年生のKentaが，ALTの先生を見かけて駆け寄ります。

Kenta: I go restaurant yesterday! Beefsteak!

ALT: Really? You went to a restaurant yesterday?

Kenta: You ... want?

ALT: You went to a restaurant yesterday? I went to a shopping mall yesterday. Did you eat beefsteak?

Kenta: Yes! Beefsteak! Eat!

ALT: Ah, you ate steak!

Kenta: Yes, I ate beefsteak!

① Kentaの英語の間違いはわかりましたか？
② ALTの役になって，CDと一緒に言ってみましょう。
③ CDをもう一度聞きましょう。ALTがKentaの言ったことに対してどのように対応しているか，わかりましたか？

Column：子どもの文法的誤りを直す方法の1つは…

　Dialogue 2では，KentaがALTに一生懸命英語で話しかけています。言いたいことは伝わっていますから，コミュニケーションを図る素地は着実に育まれているようです。Kentaの表現力をさらに高めようと，先生はとても上手に彼の英語を直していることに気づきましたか？　文法的誤りを直接訂正する否定的なフィードバック（feedback）は行わず，Kentaが"I go restaurant yesterday!"と言った時には，"You went to a restaurant yesterday."と言い直しています。このようなフィードバック方法を，言い直し（recast）といいます。先生のせりふをよく聞いて，どこに強勢が置かれているかを確認しましょう。

Unit 6

中学年の授業（warm-up編）
―like, 言葉の並べ方を学びましょう

Unit 6

◆発音コーナー1

 ① 音声をよく聞いて，発音の仕方を確かめましょう。

1. [s]

舌先を上下の歯の後ろに近づけ，舌先に力を入れて音を出しましょう

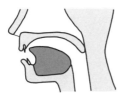

2. [θ]

舌先を上の歯にあてて，少し出して軽く摩擦し濁らない音を出しましょう

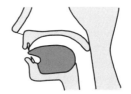

② 下線部の発音に気をつけて，次の単語を発音しましょう。

sports

bus

three

bath

soccer

peace

thank

math

Sat.

Thu.

Saturday

cicada

Thursday

twelfth

Tip：舌の位置の違いがわかりましたか？ c は [k] の発音ばかりでなく，[s] の音もあるので気をつけましょう。

中学年の授業（warm-up編）

◆Dialogue 1

"This is Monday" をみんなで歌った後，warm-upを行います。

ALT: Today is Thursday.
Ss:　 No! Friday.
ALT: Thank you. It is Friday.
　　　On Friday, I cook curry.
　　　I like curry very much. Do you like curry?
HRT: Yes, I do.
ALT: I like bananas. Do you like bananas?
HRT: Yes, I do.
ALT: Then, do you like bananas in curry?
HRT: Oh! No, I don't.

① 子どもたちも交えた，先生同士のやり取りをよく聞きましょう。
② 話し手の気持ちが伝わるように，イントネーションに気をつけて発音しましょう。
③ このやり取りのおもしろさを考えて，CDと一緒に言ってみましょう。

Unit 6

◆発音コーナー2

 ① 音声をよく聞いて，該当する絵に○をつけましょう。

1.

2.

② 次の英文を下線部に注意しながら発音しましょう。

1. La<u>s</u>t <u>s</u>ummer, <u>th</u>irty <u>s</u>tudents <u>s</u>ang <u>th</u>irteen <u>s</u>imple <u>s</u>ongs in this <u>s</u>plendid <u>th</u>eater.

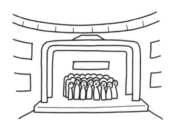

2. My <u>th</u>ree <u>s</u>i<u>s</u>ters play <u>s</u>occer wi<u>th</u> the <u>s</u>ports club members on <u>Th</u>ursdays and <u>S</u>aturdays.

 Tip：意味も考えながらまずは正確に，慣れたら早く発音しましょう。

◆Dialogue 2

ALTの先生と子どもたちが "like" を使ってやり取りをしています。

ALT: Do you like orange juice?
Ss:　 Yes, I do. / No, I don't.
ALT: Do you like tomatoes?
Ss:　 Yes, I do. / No, I don't.
ALT: Do you like tomatoes in orange juice?
Ss:　 No, I don't!

① 語順の違いによって，意味が異なることが理解できましたか？
② 場面を想像しながら言ってみましょう。
③ Dialogueを参考にして，"Do you like~?" を用いた楽しいやり取りを考えて，言ってみましょう。

Unit 6

Column：授業の始まりに使うclassroom English

挨拶をした後，日付や曜日を尋ねることから授業を始めることはよくあります。Q: "What's the date today?"→A: "It's June 30th." や，Q: "What day is it today?"→A: "It's Thursday." のようなやり取りが一般的でしょう。このような基本的なclassroom Englishは繰り返して聞かせると定着を促すことが期待できますが，時にはバリエーションを持たせたいものです。あえて "What day is it tomorrow?" のように少しひねりをきかせたり，今回のDialogue1のようにわざと曜日を間違えたりして，子どもたちの注意を引くことも時には必要です。

Unit 7

中学年の授業（活動編）
―like，単数・複数の扱い方を学びましょう

Unit 7

◆発音コーナー1

① 音声をよく聞いて，発音の仕方を確かめましょう。

1. [ð]

舌先を上の歯にあてて，少し出して軽く摩擦し濁った音を出しましょう

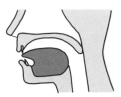

2. [z]

舌先の力を少し抜いて，（「ズィ」の）音を出しましょう

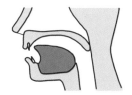

② 下線部の発音に気をつけて，次の単語を発音しましょう。

this
this

father

zoo

Brazil

that
that

mother

zebra

museum

they
they

brother

zero

scissors

Tip：舌先に注意して発音できましたか？

中学年の授業（活動編）

◆Dialogue 1

授業前に，子どもたちになじみ深い先生に，好きな野菜と嫌いな野菜を紙に書いてもらっておきます。

ALT: Quiz 1. I like carrots, but I don't like pumpkin.
　　　Who am I?
S:　　Mr. Ito?
ALT: No, I'm not.
S:　　Do you like onions?
ALT: Yes, I do.
S:　　Ms. Sato?
ALT: Yes, I am Ms. Sato. Good job! I like carrots and onions, but I don't like pumpkin.
　　　Quiz 2. I like tomatoes, but I don't like spinach … .

① どのような活動をしているのかわかりましたか？　CDをよく聞きましょう。
② どのような時に複数形を用いているのか，CDを聞いて確認しましょう。
③ 英語のリズムや抑揚に気をつけて，教師役や児童役のせりふを言ってみましょう。

Unit 7

◆発音コーナー2

38 ① 音声をよく聞いて,該当する絵に○をつけましょう。

② 音声をよく聞いて,つづり (spelling) を完成させましょう。

clo____   clo____

③ 音声をよく聞いて,該当する絵に○をつけましょう。

④ 音声をよく聞いて,つづり (spelling) を完成させましょう。

ba____   ba____

Tip：[ð]と[z]の違い,[ð]と[θ]の違いはわかりましたか？

中学年の授業（活動編）

◆Dialogue 2

 "Who am I?" の活動を，今度は子どもたち主体で行います。

① もう一度，子どもたちと先生のやり取りをよく聞きましょう。
② 会話全体の意味を踏まえて，どの部分に強勢を置いたらよいか考え，CDと一緒に言ってみましょう。
③ 好きな野菜，嫌いな野菜を入れ替えて，CDと一緒に言ってみましょう。

Unit 7

ALT: Who wants to try?
S1: I want to try.
S1: I like broccoli, but I don't like asparagus.
　　 Who am I?
ALT: Are you Nozomi?
S1: No.
S2: Sho.
ALT: Are you Sho?
S1: Yes.
ALT: You are Sho.
　　 Who wants to try next? Any volunteers?
S3: I will try!

Column : "I like pumpkins." と "I like pumpkin." どちらが正しい？

　日本語の名詞は＜数＞を意識しなくても使えますが，英語の名詞は常に＜数＞を意識して使う必要があります。
　たとえば "I like〜." の目的語に野菜類を用いる際には，
① 語尾に-sや-esをつけて複数形にする場合（carrots, onions, radishes等）
② -sや-esをつけない場合（トウモロコシcorn, spinach等）
③ 語尾に-sや-esがついた複数形はあるが，"I like〜." の目的語としては複数形にしない場合（pumpkin, cabbage, broccoli, lettuce等）
に大別できます。英英または英和辞典で確認してみましょう。

Unit 8

中学年の授業（発展的な活動編）
― he, she の扱い方を学びましょう

Unit 8

◆発音コーナー1

 ① 音声をよく聞いて，発音の仕方を確かめましょう。

1. [b]

唇を合わせ，軽く力を入れて破裂させて音を出しましょう

2. [v]

上の歯を下の唇の上に軽く当て，摩擦させるように音を出しましょう

② 下線部の発音に気をつけて，次の単語を発音しましょう。

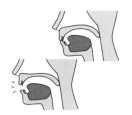

bus   notebook   vet   seven

bicycle   cabbage   voice   November

beach   clubs   volunteer   twelve

 Tip：唇の動きに気をつけて発音できましたか？

中学年の授業（発展的な活動編）

◆Dialogue 1

鈴木先生とLin先生が，これから行う活動のデモンストレーションをしています。

ALT: It's very hot today. He is thirsty.
HRT: Does he want water?
ALT: No, he doesn't.
HRT: Does he want juice?
ALT: Yes, he does.

（回収したカードが入ったboxから，HRTがカードを1枚取り出します。HRTが引いたのは，Kenの名前が書かれたカードでした）

HRT: Ken, please come to the front.
　　　Are you hungry?
Ken:　Yes.

Unit 8

　　（HRTはカードの裏を見て，Kenがcookiesに○をつけていることを確認してからKen以外の児童に問いかけます）

HRT: Ken is hungry. What does he want? Can you guess?
S1:　 Does he want water?
HRT: No, he doesn't.
S2:　 Does he want milk?

① 先生と子どもたちがどのような活動をしているのか，わかりましたか？
② ３人称を扱う際に，Kenはどこにいたらよいと思いますか？
③ CDをよく聞いて，実際のやり取りをしているように言ってみましょう。

★活動例
① 子どもたちは気持ちを表すカードの中から１人１枚ずつ選び，自分の名前を記入します。
② カード裏面の絵の中から欲しいものを１つ選び、○（丸）をつけます。
③ 記入済みのカードを回収してboxに入れておきます。
④ すべての選択肢の絵カードを，黒板に貼っておきます（55ページ）。

42 ＜用意するカード＞：Feelings and Conditions

・表面：６種の気持ち（hungry, thirsty, hot, cold, tired, sad）を表す絵と記名欄があります（同じ気持ちを表すカードを，30名学級ならば５枚ずつ用意するとよいでしょう。以下はhungryのカード例です）。

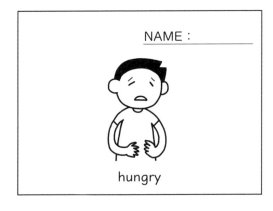

中学年の授業（発展的な活動編）

・裏面：必要なものの選択肢を印刷。選択肢は，絵とspellingで示します。冠詞が必要な名詞ならば，あらかじめ冠詞も入れておきます。

＜黒板に掲示するカード＞：Needs

Unit 8

◆発音コーナー２

音声をよく聞いて，聞こえた順に絵の下の（　）に番号を書き入れましょう。答えは１つとは限りませんよ。

 A.

（　　）　　　　　　（　　）　　　　　　（　　）

B.

（　　）　　（　　）　　（　　）　　（　　）

C.

（　　）　　　　　　（　　）　　　　　　（　　）

中学年の授業（発展的な活動編）

◆Dialogue 2

母親（Mother）と子ども（Kazu）の会話です。

M: There are so many kinds of fruits!
　　Kazu, let's make a fruit basket as a present for your friend.
K: Rei likes strawberries. I like melon.
M: Does she like melon?
K: I'm not sure.
M: OK, how about bananas?
K: Oh, she likes bananas. And there are apples, too.
M: Does she like pineapple?
K: She likes it very much.
M: OK. Excuse me, one pack of strawberries, one bunch of bananas, three apples, and one pineapple, please.
K: One melon, please!

① どのような場面か，理解できましたか？
② CDを聞きながら，Kazu役のせりふを言ってみましょう。
③ あなたが買いたい果物に替えて，CDと一緒に言ってみましょう。

Column：活動の幅を広げよう！

Dialogue 1 の活動のバリエーションとして，欲しいものを子どもたち自身が自由に選ぶ方法が考えられます。子どもたちの答えは予想がつきません。のどが乾いたら，「炭酸飲料が欲しい！」と答える子どももいるでしょう。「炭酸飲料は英語で言うと？？？」。とっさに英語が思い浮かばなかったら，辞書を調べたり，soda や soda water のように簡単な表現で言い換えたり（paraphraseと言います），子どもたちになじみ深い炭酸飲料の商品名を出すことも一案です。

このようなやりとりを通して，さまざまな場面に対応できるコミュニケーション能力を育むことができるのではないでしょうか。

Column：どのような時に複数名詞は使えないの？

名詞を冠詞なしで使うか，単数形で使うか，複数形で使うかで，意味が違ってくるので気をつけましょう。"I like~." の文でどのように野菜の単複を使い分けたらよいのか，著者がある母語話者に尋ねた時，「束で売っているもの，大きいもの，ハーブ類は複数形にしない」と教えてくれました。英語の母語話者でも，出身地や年齢によって異なる使い方をする場合があります。

いずれにしても，気になる単語に出合ったら，必ず辞書で調べるように心がけましょう。

Column：3人称代名詞はいつから，どのように扱えばよいの？

2020年度から全面実施される小学校学習指導要領によると，3年生から I と you を学習し，she や he は6年生で学ぶことになっています。

もちろん各学年で扱うべき内容は踏まえるべきですが，中学年でも，授業でやり取りを行う上で，3人称代名詞を用いないとかえって不自然になる場合もあります。児童の様子を見つつ自然な状況下で she や he を聞かせておくことは，やがて3人称代名詞を学ぶ際に学習がより深まるでしょう。

Unit 9

昼休み
―過去形の扱い方を学びましょう

Unit 9

◆発音コーナー1

 ① 音声をよく聞いて，発音の仕方を確かめましょう。

1. [ɑːr]

口を大きく開けて[ɑ]の音を出し，最後に舌先を軽く上に巻いてみましょう

2. [əːr]

力を抜いて[ə]の音を出し，最後に舌を軽く奥に引き，あごも少し引いてみましょう

② 下線部の発音に気をつけて，次の単語を発音しましょう。

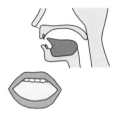

art　　　　card　　　　earth　　　　circle

are　　　　heart　　　　early　　　　purple

arm　　　　star　　　　girl　　　　world

 Tip：舌の動きの違いはわかりましたか？

昼休み

◆Dialogue 1

昼休みです。6年生の学級担任・山田先生とALTのLin先生が授業の打ち合わせをしています。

HRT: Hi, Lin. Do you have time now? I want to talk about my last weekend in the next class. Can you check my English?

ALT: Sure! "I went to a department store on Sunday. I ate special chocolate ice cream. It was sweet and tasty. My mother likes matcha very much. She ate matcha ice cream. We enjoyed our weekend."
Why do you want to talk about your weekend?

HRT: I want the students to talk about their weekend in this unit.
So, can you talk about your weekend, too?

ALT: No problem!

① 先生同士のやり取りをよく聞いて,内容を理解しましょう。
② 状況を思い浮かべながら,繰り返し音読しましょう。
③ 行き先を変えて,やり取りを考え,言ってみましょう。

Unit 9

◆発音コーナー２

 ①　音声をよく聞いて，該当する絵に○をつけましょう。

1.

2.

②　音声をよく聞いて，つづり（spelling）を完成させましょう。その後で発音をしましょう。

1.

st____　　　　　　　　　st____

2.

　　　　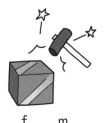

f____m　　　　　　　　f____m

3.　　　　　　　　　　　　4.

h____t　　　　　　　　bean c____d

昼休み

◆Dialogue 2

昼休みです。山田先生とLin先生が授業の打ち合わせをしています。2人は，どのようなことを熱心に話し合っているのでしょう。

① どのような活動の打ち合わせをしているのか，理解できましたか？
② どのように過去形が用いられているのか，わかりましたか？
③ イントネーションに気をつけて言ってみましょう。覚えた表現でこの活動を進めてみましょう。

Unit 9

HRT: Hi, Lin-sensei. Do you like today's school lunch menu?
ALT: Yes, I do. It is good.
HRT: Well, please check the lesson plan for the 5th period.
ALT: Sure! Let me see it.
HRT: I want to make Yes/No questions about this morning's breakfast.
　　　I made a question: "Did you have miso soup this morning?" Can I say that?
　　　The answer is "Yes, I did." or "No, I didn't.", right?
ALT: Right!
HRT: How about toast? Can I say, "Did you have one toast?"
ALT: No. We say, "Did you have toast?" or "Did you have a piece of toast?"
HRT: Oh, I see. Toast is uncountable. Thank you, Lin-sensei.
　　　See you soon!

Column: Small TalkはたいへんだからALTにお任せ？

　2020年度から完全実施される学習指導要領に向けて，第5，6学年ではSmall Talkが設定されています。この活動では，指導者から少しまとまった話を聞いたり，児童が身近な話題（好きな食べ物やスポーツ，行事や休暇の思い出など）について自分の考えや気持ちを伝え合ったりします。Small Talkのおもなねらいは，既習表現を繰り返し使用し，その定着を図ることです（詳しくは文部科学省『小学校外国語活動・研修ガイドブック』を参照してください）。

　Dialogue 1では，やがて児童同士が行うSmall Talkに備えて，担任の先生が子どもたちにモデルを示そうとしています。みなさんも無理のない範囲でSmall Talkを使ってみましょう。

Unit 10

高学年の授業（warm-upと導入編）
―-ing形の扱い方を学びましょう

Unit 10

◆発音コーナー1

 ① 音声をよく聞いて，発音の仕方を確かめましょう。今回は3つの音を学びます。

1. [m]

少し強く唇を合わせ，鼻から空気が抜けるように，音を出してみましょう

2. [n]

舌先を上前歯の裏側の付け根にしっかりとつけ，鼻音をしっかりと出すように音を出してみましょう

3. [ŋ]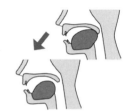

鼻に力を入れ，鼻から空気をゆっくり抜くようにして音を出してみましょう

② 下線部の発音に気をつけて，次の単語を発音しましょう。

| | | | | |
| map　diamond | no | pencil | song | something |

| | | | | |
| music　summer | nice | ten | sing | interesting |

| | | | |
| Monday　classroom | nose | green | long　exciting |

 Tip: [m]は唇を閉じた後に鼻から息を抜き，[n]は舌先を歯ぐき周辺につけて鼻から息を抜きます。[ŋ]は舌の後ろを上あごの奥につけ，鼻から空気を抜いて発音します。

高学年の授業（warm-upと導入編）

◆Dialogue 1

"Weather Song" をwarm-upで聞いてから，先生2人のやり取りが始まります。

ALT: It's a beautiful day, isn't it?
HRT: Yes. Today, I want to go to Yokohama. Is it sunny in Yokohama, too?
ALT: Well, let me check. No, it is not sunny. It is rainy in Yokohama.

① やり取りの様子が，具体的に思い浮かびましたか？
② 強く読んでいるところに注意して，読んでみましょう。
③ 文字を見なくても言えるようになりましょう。

Column："It's raining." と "It's rainy." の違いはわかりますか？

　天気を表す英語表現は簡単そうに見えて注意が必要です。授業中に外を見たら，ザーッと雨が降っています。このような時は "It's raining." という表現が適切です。一方，今は雨が止んでいるけれども，朝から雨模様で，みんな傘を持って登校している，そのような日は "It's rainy." という表現を使いましょう。品詞に注目すると，"It's raining." のrainingは動詞として，"It's rainy." のrainyは形容詞として使われています。雪にまつわる表現をあげると，"It's snowy." と "It's snowing." があります。両者の違いはわかりますか？　品詞も含めて確認しましょう。
　天気にまつわる形容詞には，rainy, snowyのほかにも，sunny, cloudy, stormy, windy, foggy などがあります。天候や気象を表す名詞に "-y" を付けると，形容詞になります。辞書で確認しましょう。

Unit 10

◆発音コーナー2

 ① 下線部の [m], [n], [ŋ] の音に気をつけながら, 以下の単語の発音をしましょう。

1. mo<u>n</u>key
2. <u>n</u>u<u>m</u>ber
3. <u>M</u>o<u>n</u>day
4. <u>N</u>ove<u>m</u>ber
5. <u>m</u>oo<u>n</u>
6. ca<u>m</u>pi<u>ng</u>
7. s<u>w</u>i<u>mm</u>i<u>ng</u>
8. <u>m</u>or<u>n</u>i<u>ng</u>

 ② 下線部の [m], [n], [ŋ] の音に気をつけながら, 以下の文を読んでみましょう。

1. I<u>n</u> su<u>mm</u>er, <u>m</u>a<u>n</u>y people go ca<u>m</u>pi<u>ng</u>.

2. <u>M</u>y <u>m</u>other likes skii<u>ng</u>, hiki<u>ng</u>, s<u>w</u>i<u>mm</u>i<u>ng</u>, sightseei<u>ng</u>, a<u>n</u>d shoppi<u>ng</u>.

3. O<u>n</u> the <u>m</u>or<u>n</u>i<u>ng</u> of <u>N</u>ove<u>m</u>ber <u>n</u>i<u>n</u>th, <u>M</u>ike leaves for <u>N</u>ew <u>M</u>exico.

③ 今回学習した3つの音を使って, 早口言葉を作ってみましょう。

高学年の授業（warm-upと導入編）

◆Dialogue 2

先生2人が，テレビを見ながら話し合っていますよ。子どもたちもテレビ画面を見ています。

① 先生のやり取りの内容はわかりましたか？
② 子どもたちの立場になって，先生の対話を聞いてみましょう。
③ -ing形の扱い方は理解できましたか？
④ 会話の中の歌（詩）は5行で構成されていますが，各行の終わりは同音が繰り返されています（rhymeと言います）。何度も発音して，rhymeがうまく言えるようになりましょう。

HRT: Look at the TV screen. It's snowing in Sapporo.

ALT: People can enjoy making snowmen.
   Look out the window. It's raining!

HRT: Oh, no! We can't play outside today.

ALT: Let's chant this rhyme.
   "Rain, rain, go away,
   Come again another day.
   Rain, rain, go away,
   Little Kaoru wants to play.
   Rain, rain, go away."

Unit 11

高学年の授業(活動編)
―日付の扱い方を学びましょう

Unit 11

◆発音コーナー1

 ①　音声をよく聞いて，発音の仕方を確かめましょう。

1.　　　　[æ]　　　　　　　2.　　　　[ɑ]

　　口を左右に開きながら音を出しましょう　　　　　口を大きく開いて，音を出しましょう

② 下線部の発音に気をつけて，次の単語を発音しましょう。

　a̱nt　　　　　ba̱ck　　　　　o̱melet　　　　sto̱p

　ha̱t　　　　　ba̱nk　　　　　ho̱t　　　　ho̱spital

　ba̱g　　　　　sa̱lmon　　　　sho̱p　　　　do̱dgeball

 Tip：口の形の違いはわかりましたか？

◆Dialogue 1

もうすぐ「敬老の日（Respect for the Aged Day）」を迎えるある日の場面です。

A: When is your grandfather's birthday?
B: His birthday is on Februrary 20th. He is eighty years old.
A: Oh, he is so old.
B: How about your grandfather's birthday?
A: He is sixty-three years old. His birthday is on March 3rd.
B: Really? My birthday is on March 3rd, too.
　　When is your birthday?
A: My birthday is on September 14th.
B: Wow, it was yesterday!

① どのような場面か，理解できましたか？
② 強く読んでいるところに注意して，CDと同時に読んでみましょう。
③ 自分の誕生日を入れて，AとBの役になって言ってみましょう。

Unit 11

◆発音コーナー2

62 ① 音声をよく聞いて，該当する絵に○をつけましょう。

A. 　

B. 　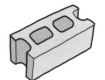

C. 　

63 ② 音声をよく聞いて，つづり（spelling）を完成させましょう。

w___tch　　　　s___lmon　　　　h___spital

b___dminton　　v___lleyball　　d___dgeball

高学年の授業（活動編）

◆Dialogue 2

 担任の先生と子どもたちが学校行事について、手元の予定表を見ながら話し合っています。

① 日付の言い方，聞き方が理解できましたか？
② 会話の様子を想像しながら日付が自然に言えるようになるまで言ってみましょう。
③ 英文を見ないでCDと一緒に言ってみましょう。

Unit 11

HRT: Let's check the school calendar. When is the Sports Day?
S1: 九月三十日！
HRT: Yes, it is. It is September 30th. When is the Drama Festival?
S2: November … 二十五日？
HRT: It is November 25th. Please circle the dates on your calendar. How about the Swimming Meet?

Column：日付はどのように書いたり言ったりするの？

　日付の表し方はアメリカ式・イギリス式で少し違いがあります。一例をあげると，2020年7月24日をアメリカ式ではJuly 24th, 2020（日にちの前にtheを入れる時もあります），イギリス式では24th July, 2020のように表記し，"the 24th of July, 2020" と言います。日本では，多くの場合アメリカ式を採用しています。
　日付を学習目標として取り上げた後は，日ごろから "What's the date today?"，"It's March 10th." のようなやり取りを行うと，日付の言い方が子どもたちにとって身近な表現になります。

Unit 12

高学年の授業(発展的な活動編)
―want, canの扱い方を学びましょう

Unit 12

◆発音コーナー1

① 音声をよく聞いて，発音の仕方を確かめましょう。

1. [ʌ]

口を縦に開いて，はっきり短く音を出しましょう

2. [ɑ]

口を大きく開いて，音を出しましょう

② 下線部の発音に気をつけて，次の単語を発音しましょう。

up　　　　　run　　　　　box　　　　　clock

under　　　come　　　　stop　　　　watch

bus　　　　lunch　　　　shop　　　　pocket

Tip：口の開け方の違いはわかりましたか？

高学年の授業（発展的な活動編）

◆Dialogue 1

子どもたちがみんなの前に立って，プレゼンテーションを行います。Kenが自己紹介をする場面です。

S: Hello. I am Ken.
　 I like soccer. I can play soccer very well.
　 I want a new soccer ball, a soccer uniform, and a pair of new soccer shoes.
　 I want to go to Spain. I want to be a professional soccer player. And I want to play soccer in La Liga (the Spanish soccer league).

① Kenの自己紹介の様子が思い浮かびましたか？
② 子どもたちにお手本を見せることを想定して，あなた自身の自己紹介を考えて言ってみましょう。
③ あなた自身の自己紹介を，ポーズの位置に気をつけて言ってみましょう。
④ あなた自身の自己紹介を，大きな声で言ってみましょう。
⑤ あなた自身の自己紹介を，話しかけるように言ってみましょう。
⑥ あなた自身の自己紹介を，何も見ないで言ってみましょう。

Unit 12

◆発音コーナー２

67 ① 音声をよく聞いて，つづり（spelling）を完成させましょう。

M__nday   h__ndred   c___lor

w__tch   d__llar   c___gh

68 ② 次の英文を下線部に注意しながら発音しましょう。

1. The b<u>u</u>s for the h<u>o</u>spital is st<u>o</u>pping at the b<u>u</u>s st<u>o</u>p! R<u>u</u>n and r<u>u</u>n! We are l<u>u</u>cky!

69

2. At <u>one</u> o'cl<u>o</u>ck, please c<u>o</u>me here with your h<u>u</u>sband to have h<u>o</u>t <u>o</u>melets for l<u>u</u>nch.

Tip：意味も考えながら，リズムよく発音しましょう。

高学年の授業（発展的な活動編）

◆Dialogue 2

 担任の山田先生の質問に応じて，子どもたちが楽しそうに意見を出し合っています。

① 子どもたちが意見を出し合っている様子が思い浮かびましたか？
② wantとlikeがどのように用いられているのか，理解できましたか？
③ 名詞に注目しましょう。どのような場合に冠詞がつき，どのような場合に複数形になるのか，説明ができますか？

Unit 12

HRT: What do you want to make for the next cooking class?
S1:　I like curry and rice.
S2:　I want to eat curry and rice!!
S1:　I can cut potatoes.
S2:　I want a boiled egg. I can boil eggs.
S3:　I want eggplant in the curry. I can cut eggplants.
S4:　I can slice onions.
S1:　Slice? Not cut?
S4:　Slice!!!
S5:　I want pumpkin. I can cut a pumpkin.
S6:　I can peel carrots.
S7:　Meat!!! I want beef.
S2:　No. Beef is expensive! That's out of our price range.
S5:　Pork is cheap. Let's make pork curry.

Column：他教科と連携した指導のあり方

　本UnitのDialogue 2では，家庭科（home economics）と関連した題材を扱っています。他教科の内容を英語（English）の授業に取り入れる利点は多々ありますが，たとえばすでに得た知識や体験を活かすことができ，子どもたちの興味関心を高めることができる点があげられます。国語（Japanese）や社会（social studies），理科（science），算数（math），図画工作（arts and crafts），体育（P.E.），音楽（music）などと，具体的にどのような連携が考えられるのか調べてみましょう。CLIL（Content and Language Integrated Learningの略，内容言語統合型学習）をキーワードにして，他教科と連携した事例を調べることも可能です。

Unit 13

授業の振り返りと次週の打ち合わせ
―つなぎ言葉の扱い方を中心に学びましょう

Unit 13

◆発音コーナー１

 ① 音声をよく聞いて，発音の仕方を確かめましょう。

1. [æ]

口を左右に開きながら音を出しましょう

2. [e]

口を少し開いて，音を出しましょう

② 下線部の発音に気をつけて，次の単語を発音しましょう。

apple　　　　　cat　　　　　　end　　　　　　melon

animals　　　Canada　　　　any　　　　　　head

alphabets　　banana　　　elephant　　　sweater

 Tip：イラストにある矢印（→）の方向に，口を開けて発音しましょう。

授業の振り返りと次週の打ち合わせ

◆Dialogue 1

6年生の担任・山田先生と，ALTのLin先生が今日の授業の振り返りを行っています。

HRT: Hi, Lin-sensei. The children enjoyed your reading.

ALT: There were some difficult expressions for the children in the book.

HRT: But you explained those words in plain English.
So, they understood the story and tried to answer your questions.

ALT: Their interactions with me were lively.

HRT: How fantastic! Oh, do you remember "S-S-S" points?

ALT: Yes, of course! Simple, short, and slow. Those are the three essential points!

① 先生同士のやり取りをよく聞きましょう。"S-S-S" は何を意味しているのか，わかりましたか？
② CDの後に続いて，表情豊かに読んでみましょう。
③ 聞こえてくる音声と同時に言ってみましょう。

Unit 13

◆発音コーナー2

73 ① 音声をよく聞いて，該当する絵に○をつけましょう。

1.

2.

74 ② 音声をよく聞いて，[æ] と発音する場合は○，[e] と発音する場合は△と例にならって書きましょう。その上で，発音に気をつけて読んでみましょう。

1. I am v<u>e</u>ry s<u>a</u>d because T<u>e</u>d w<u>e</u>nt b<u>a</u>ck to C<u>a</u>nada l<u>a</u>st S<u>a</u>turday.
            △

75 2. Y<u>e</u>sterday, I was v<u>e</u>ry h<u>a</u>ppy because I could buy <u>a</u>pples, br<u>ea</u>d, and ban<u>a</u>nas at a v<u>e</u>ry low price.

授業の振り返りと次週の打ち合わせ

◆Dialogue 2

  担任とALTが次週の授業の打ち合わせをしています。

① 先生同士のやり取りをよく聞きましょう。
② つなぎ言葉（signal word）の使い方はわかりましたか？
③ 料理を替えて，CDと一緒に言ってみましょう。

Unit 13

HRT: The next unit is about Japanese food.
　　　So, I want to introduce a recipe for my favorite Japanese food first.
　　　The aim is to learn a 4-step presentation structure.
ALT: You should use signal words like first, second, third, and finally.
HRT: I see. For example:
　　　First, wash and cut the vegetables.
　　　Second, put them in the pan and boil them.
　　　Third, add miso to the soup.
　　　Finally, put tofu into it.
ALT: Perfect!

Column：絵本を日々の授業に

　Dialogue 1では，Lin先生が授業で絵本の読み聞かせをした様子が伝わってきます。絵本を授業に取り入れることによって，得られる利点は多々あります。意味のある文脈の中で英語を学ぶことができる点，多彩な表現が豊富に用いられている点，外国の絵本ならばそれぞれの国の文化を知ることができる点もあげられるでしょう。同じ表現が繰り返し用いられている場合も多く，言葉の定着にもつながります。そして何よりも，優れた絵本は子どもたちの心に残ります。

　子どもたちの発達段階に応じた絵本を，ぜひ日々の授業に取り入れてほしいと思います。まずは，子どもたちに英語を教えるみなさんが，英語で書かれた絵本に興味を持ち，絵本好きになることが第一歩です。ご自分が読みたい絵本，児童に読み聞かせしたいお気に入りの1冊をぜひ見つけてください。

Unit 14

前置詞の扱い方を学びましょう

between

above

around

Unit 14

◆Activity 1

 担任とALTが会話をしています。どのような内容でしょうか。

HRT: I like toast.
　　　I like natto.
　　　But I don't like toast on natto.
ALT: Well, as for me, I like toast, too.
　　　I like natto, too.
　　　But I don't like natto on toast. ──Ⓐ
HRT: Ah-Ha! I got it.
ALT: In another case, I like curry.
　　　I like chocolate.
　　　I like chocolate in curry.
　　　But I don't like curry in chocolate. ──Ⓑ
HRT: I'm confused.

① 　Ⓐを表したイラストはどちらですか？

② 　Ⓑを表したイラストはどちらですか？

 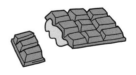

前置詞の扱い方を学びましょう

◆**Activity 2**

　ことば野小学校のそばには，素敵な公園があります。CDを聞きながら公園を散歩しましょう。

　Let's Listen 1 と 2 では92～93ページのくもった日の公園（白黒イラスト）を散歩しましょう。

◆Let's Listen 1
　・CDをよく聞いて，どこの様子を言っているか，絵を1つひとつ指さしていきましょう。
　・公園の絵に描かれていないものがいくつかあります。

◆Let's Listen 2
　・CDをよく聞いて，公園の絵に描かれていないものを，描き入れましょう。
　・すべての絵を描き入れたら，94～95ページの絵と比べてみましょう。
　・可能ならば92～93ページをコピーして，何度もチャレンジしましょう！

◆Let's Listen 3
　94～95ページの晴れた日の公園（カラーイラスト）を散歩しましょう。
　・CDをよく聞いて，公園の絵を見ながら，英文が示すものを指さしていきましょう。

Unit 14

今日はお天気が悪いのでしょうか。やけに黒っぽい公園ですね。Let's Listen 1と2の課題を頑張って終えれば、きっとお天気にな

前置詞の扱い方を学びましょう

りますよ。課題が終わったら、次のページを開いてみましょう。

Unit 14

頑張って課題に取り組んだので、こんなに晴れました！　みなさんが描き入れた絵と、カラーの絵を比べてみましょう。カラー

前置詞の扱い方を学びましょう

の絵をよく見れば見るほど、ことば野公園に来ているみんなと仲良しになれますよ。

Unit 14

Script

Let's Listen 2, 3のスクリプトです。音声を聞きながらもう一度，どのように前置詞が使われているのかを確認しましょう。Let's Listen 2 の解答は100〜101ページ，3 の解答は102〜103ページをご覧ください。

◆Let's Listen 2

①A river is running near the park.

②There is a library near the park.

③There are carp in the pond.

④There are two ducks in the pond.

⑤An old woman is feeding carp in the pond.

⑥An old man has dropped his glasses in the pond.

⑦There is a restroom in the shade of the trees.

⑧Children are playing on a slide.

⑨There is a dragonfly on the fence.

⑩A baby is sleeping in a big buggy.

⑪A butterfly has gotten into the park office through a window.

⑫There is an ice cream stand under the tree.

⑬An old woman is reading a book under the tree.

⑭A dog is sleeping under the table.

⑮There is a bird in the tree.

⑯There are some bicycles by the gate.

◆Let's Listen 3

1) above

⑰A plane is flying above the clouds.

⑱A kite is flying above the trees.

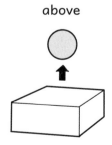

※①〜⑩は解答番号を示します（100〜103ページのモデル解答をご覧ください）。

2) around
　⑲There are fountains around the pond.

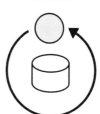

3) at
　⑳A boy is sitting at the top of the slide.
　㉑A man is selling balloons at the gate.
　㉒There is a park office at the gate.

4) between
　㉓There is a ball between the trees.
　㉔A little child is standing between his mother and father.

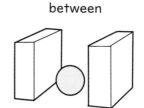

5) by
　㉕There is a park map by the gate.
　㉖There is a vending machine by the gate.
　⑯There are some bicycles by the gate.

Unit 14

6) in

㉗This park is in Kotobano city.
㉘The sun is shining in the sky.
㉙There is a pond in the middle of the park.
㉚Children are playing in a sandpit (or sandbox).
③There are carp in the pond.
⑤An old woman is feeding carp in the pond.
⑩A baby is sleeping in a big buggy.
⑦There is a restroom in the shade of the trees.
⑥An old man has dropped his glasses in the pond.
⑮There is a bird in the tree.
④There are two ducks in the pond.

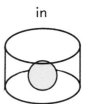

7) near

㉛A parking lot is near the gate.
①A river is running near the park.
②There is a library near the park.

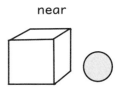

8) on

㉜There is a cap on the bench.
㉝There is a cicada on the tree.
㉞Two girls are playing on a seesaw.
㉟A girl has dropped her ice cream on the ground.
⑨There is a dragonfly on the fence.
⑧Children are playing on a slide.

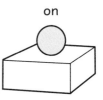

9）over

㊱There is a roof over the rest area.
㊲There is a bridge over the pond.

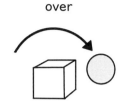

10）under

㊳There is a cat under the bench.
㊴A man is playing the guitar under the tree.
㊷There is an ice cream stand under the tree.
㊹A dog is sleeping under the table.
㊸An old woman is reading a book under the tree.

11）through

㊵A toy train is going through the sand mountain.
㊶A butterfly has gotten into the park office through a window.

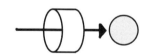

Let's Listen 2 (91ページ)のモデル解答

前置詞の扱い方を学びましょう

Unit 14

Let's Listen 3 (91ページ)のモデル解答

前置詞の扱い方を学びましょう

Unit 14

Unit 15

マザー・グース，物語を授業に取り入れましょう

Unit 15

◆Activity 1

Activity 1では，2種類のマザー・グースを紹介します。

Part 1：1.と2.のイラストを見ながら，歌を聞きましょう。

⑧1 1.

⑧2 2.

① 2つの歌を聞いて，どのような感想を持ちましたか？
② イラストだけを見ながら，歌えるところから声に出してみましょう。
③ それぞれの歌のどの部分を歌うことができましたか？　声に出してみて，気づいた点はありますか？

Part 2：今度は1.と2.の歌を，音と文字を通して楽しみましょう。

1. This is the house that Jack built.

   This is the malt
   That lay in the house that Jack built.

   This is the rat,
   That ate the malt
   That lay in the house that Jack built.

   This is the cat,
   That killed the rat,
   That ate the malt
   That lay in the house that Jack built.

   This is the dog,
   That worried the cat,
   That killed the rat,
   That ate the malt
   That lay in the house that Jack built.

   This is the cow with the crumpled horn,
   That tossed the dog,
   That worried the cat,
   That killed the rat,
   That ate the malt
   That lay in the house that Jack built.

Unit 15

2．Pat-a-cake, pat-a-cake, baker's man,
　　Bake me a cake as fast as you can;
　　Pat it and prick it, and mark it with B,
　　Put it in the oven for baby and me.

① 2つの歌を聞いて，今度はどのような点に気づきましたか？
② 1．で歌われている内容を，CDを聞きながらイラストにしてみましょう。
③ 2．は，手遊びをしながら歌うことが多いマザー・グースです。どのような手遊びをしながら歌うのか，調べてみましょう。
④ CDと一緒に言ってみましょう。少し早いですが，チャレンジしましょう。

　　1と2のマザー・グースは，*The Oxford Dictionary of Nursery Rymes.* (1997). Iona and Peter Opie, eds. New ed. Oxford: Oxford University Press.に依ります。

Column：マザー・グースを知っていますか？

　マザー・グース（Mother Goose）や，ナーサリー・ライム（Nursery Ryme）という言葉を聞いたことがありますか？　*この言葉を知らない人でも，"Mary had a little lamb, …."や"Twinkle, twinkle, little star, …."の一節を聞いたことがある人は多いはずです。Unit 10のDialogue 2で扱った"Rain, rain, go away. …."も，マザー・グースをもとにしています。

　マザー・グースは英語圏で長年受け継がれてきた伝承童謡です。英語の母語話者は，これらに幼い頃から親しみ，言語感覚や生活感覚を養う上で大きな影響を受けてきました。英語の学習者にとっても，マザー・グースは英語が持つリズムや音の響き，表現，文化を知る上で欠かせない題材と言えるでしょう。内容は多岐にわたり，遊び歌や子守唄，なぞなぞ，中には意味が通らないナンセンスも含まれています。今回紹介する作品が，皆さんにとってマザー・グースの豊かな世界を知るきっかけになることを願っています。

　　*Mother Gooseという言葉は，アメリカで用いられることが多く，イギリスではNursery Rymeと呼ばれることが多いと指摘する研究者もいます。（『英米童謡集』河野一郎編訳，1998，岩波文庫参照）

マザー・グース，物語を授業に取り入れましょう

◆Activity 2

　Activity 2 では、日本昔話の英訳版を扱います。英文を見ずにPart 1と2の読み聞かせ（音声）を聞きましょう。2通りの音声が流れます。

(85) Part 1

(86) Part 2

Unit 15

       Once upon a time, there was a young fisherman named Urashima-Taro who lived with his old mother. One day, when he was fishing, he noticed some children bullying a turtle. Urashima-Taro saved it and released it back into the sea.

       A few days later, a big turtle came up to him. The turtle said to Taro, "Our princess, Oto-hime, wants to invite you to dinner." So, he went to her palace, Ryugu-jo, riding on the turtle.

Oto-hime welcomed Taro. He enjoyed himself very much. He forgot to go home, but he suddenly got worried about his mother. "How is my mother? I want to go back to my house." The princess said to him, "Would you stay here a few more days?" He said, "I'm worried about my old mother. I have to go home now." Oto-hime gave him a mysterious box called tamate-bako. She said to him, "Never open this box—just keep it."

When he went home, everything changed. He couldn't find his house. He couldn't find his mother, either. People in the village said to Taro, "A fisherman named Urashima-Taro lived in this village 300 years ago. He went to the beach but never came back."

       "Oh, no! 300 years have passed since I went to the Ryugu-jo!" He felt sad and lonely. He sat alone and cried on the beach for a long time. After that, he opened the box from Oto-hime. White smoke came out from the box. How incredible! He became a gray-haired old man.

① 1回目に聞いた読み聞かせと2回目に聞いた読み聞かせでは，どちらが聞きやすく，ストーリーがわかりやすかったですか？　それはどうしてだと思いますか？
よりよい読み聞かせだと思われる方の□に✓を入れましょう。□ Part 1　□ Part 2
② Part 2 の voice inflection のある読み聞かせを再度聞き，第3・4段落の情景を前ページの空欄の中に描いてみましょう。
③ この物語の読み聞かせをする際，どのような点に注意すればよいと思いますか？
 ④ 読み聞かせのポイントを忘れないで，CDと同じように読めるようになるまで何度も聞きながら読んでみましょう。トラックNo. 92 の音声も活用してください。
⑤ この物語の読み聞かせを，可能ならば他の人の前でやってみましょう。対象学年は何年生としますか？　読み聞かせの工夫，場面の絵の活用法などを考えてください。

マザー・グース，物語を授業に取り入れましょう

(93) ◆Days

Monday
Tuesday
Wednesday
Thursday
Friday
Saturday
Sunday

最後に曜日と月のプレゼント！　毎回の授業で使う基本ですから、何度も練習してくださいね！

(94) ◆Months

January
February
March
April
May
June
July
August
September
October
November
December

Column：物語はどんなもの？

「昔々あるところに…」からはじまる昔話を聞いた記憶は，誰にでもあるのではないでしょうか。昔話は日本ばかりではなく，世界中で語り継がれてきました。英語圏の昔話の典型的なはじまりと言えば，"Once upon a time ... ."です。Activity 2の昔話も，この一言で幕が開きます。昔話をはじめとする物語には，いくつかの特色があります。たとえば登場人物（動物のこともありますね）がいること，何らかの事件が起きてこれを起点に様々な出来事が起きること，せりふ以外の部分は過去形で描かれる傾向が見られること，表現や出来事で繰返しが起きること等があげられます。物語を分析しすぎることは，その豊かさに水を差しかねませんが，授業で扱う物語の特色をあらかじめ押さえておくことは大切です。もちろん，あなた自身が物語を楽しむ心もお忘れなく。

執筆者

　髙橋和子（たかはし・かずこ）
　　明星大学教育学部教育学科教授
　　英語教育，教材研究，指導法研究

　佐藤玲子（さとう・れいこ）
　　明星大学教育学部教育学科常勤教授
　　第二言語習得，英語教育（指導法研究，カリキュラム開発，教材開発）

　伊藤摂子（いとう・せつこ）
　　武蔵野大学教育学部教育学科准教授
　　早期英語教育，英語教育，第二言語習得

カバーデザイン／イラスト

　　丸山朋恵（まるやま・ともえ）

小学校教員を目指す人のための
外国語（英語）教育の基礎

2018年12月30日　初版第1刷
2021年12月1日　初版第4刷

　著　者　髙橋和子　佐藤玲子　伊藤摂子
　発行者　落合一泰
　発行所　明星大学出版部
　　　　　〒191-8506
　　　　　東京都日野市程久保2-1-1
　　　　　電話　042-591-9979

　ⒸTakahashi Kazuko, Sato Reiko, Ito Setsuko, 2018
　印刷・製本　信濃印刷株式会社

解答

小学校教員を目指す人のための 外国語（英語）教育の基礎

Unit 1

p. 8

◆発音コーナー2 (Pronunciation 2)

①

1. c<u>u</u>t

2. c<u>a</u>p

②

1. c<u>a</u>t   c<u>u</u>t
2. c<u>u</u>p   c<u>a</u>p
3. c<u>a</u>rry   c<u>u</u>rry

Unit 2

p.14

◆発音コーナー2 (Pronunciation 2)

①

1. h<u>ea</u>d

2. st<u>o</u>p

②

1. h<u>o</u>t   h<u>ea</u>d
2. st<u>o</u>p   st<u>e</u>p
3. Hello

Unit 3

p. 20

◆発音コーナー2（Pronunciation 2）

①

1. <u>a</u>llow

2. sof<u>a</u>

②

1. <u>a</u>llow   <u>a</u>rrow
2. sof<u>a</u>   so f<u>a</u>r

Unit 4

p. 28

◆発音コーナー2（Pronunciation 2）

①

1. b<u>all</u>

2. s<u>ew</u> [sou]　発音に注意しましょう。

②

1. b<u>ow</u>l   b<u>all</u>
2. s<u>aw</u>   s<u>ew</u>

Unit 5

p. 36

◆発音コーナー2（Pronunciation 2）

①

1.
   right　　light

2.
   red　　lead

3.
   rub　　love

4.
   river　　liver

5.
   rice　　lice

6.
   pray　　play

7.
   fry　　fly

8.
   free　　flea

9.
   arrive　　alive

10.
    grass　　glass

Unit 6

p. 42

◆発音コーナー 2（Pronunciation 2）

①

  1. think

  2. mouse

p. 43

◆Dialoge 2

① ALTの最後のせりふ "Do you like tomatoes in orange juice?" は，左側のイラスト（オレンジジュースの中にトマトが2つ入っているイラスト）を示します。

Unit 7

p. 48

◆発音コーナー 2（Pronunciation 2）

① close

② close   clothe

③ bath

④ bath   bathe

Unit 8

p.56

◆発音コーナー2（Pronunciation 2）

音声は以下のように流れました。

A.
1. an apple
2. apples
3. apple

B.
1. oranges
2. orange
3. an orange

C.
1. I like chicken.
2. I like chickens.
3. I like a chicken.

解答は以下のとおりです。

A.

 （１）　　　　（３）　　　　（２）

B.

 （２）　　（１）　　（３）　　（２）

C.

 （２）　　　　（１）　　　　（３）

Unit 9

p. 62

◆発音コーナー 2 (Pronunciation 2)

①

  1. st<u>ar</u>

  2. f<u>ar</u>m

②

  1. st<u>ar</u>   st<u>ir</u>

  2. f<u>ar</u>m   f<u>ir</u>m

  3. h<u>ear</u>t

  4. bean c<u>ur</u>d

Unit 11

p. 74

◆発音コーナー2（Pronunciation 2）

①

   A． h<u>o</u>t

   B． bl<u>a</u>ck

   C． t<u>o</u>p

②

w<u>a</u>tch	s<u>a</u>lmon	h<u>o</u>spital
b<u>a</u>dminton	v<u>o</u>lleyball	d<u>o</u>dgeball

Unit 12

p. 80

◆発音コーナー2（Pronunciation 2）

①

M<u>o</u>nday	h<u>u</u>ndred	c<u>o</u>lor
w<u>a</u>tch	d<u>o</u>llar	c<u>ou</u>gh

Unit 13

p. 86

◆発音コーナー2 (Pronunciation 2)

①

1. <u>a</u>nt

2. h<u>ea</u>d

②

1. I am v<u>e</u>ry s<u>a</u>d because T<u>e</u>d w<u>e</u>nt b<u>a</u>ck to C<u>a</u>nada l<u>a</u>st
△　○　　　　　△　△　○　　○　　○

S<u>a</u>turday.
○

2. Y<u>e</u>sterday, I was v<u>e</u>ry h<u>a</u>ppy because I could buy <u>a</u>pples,
△　　　　　　△　○　　　　　　　　　○

br<u>ea</u>d, and ban<u>a</u>nas at a v<u>e</u>ry low price.
△　　　　○　　　△

Unit 14

p. 90

◆Activity 1

①

②

p. 91

◆Activity 2

・Let's Listen 1のスクリプト

→Listen 2, 3のスクリプトは本文をご覧ください（96〜99ページ）。

→文頭に＊がついた文は，白黒のイラスト（92〜93ページ）に描き込まれていない文です。

This park is in Kotobano city.

＊A river is running near the park.

＊There is a library near the park.

There is a pond in the middle of the park.

There are fountains around the pond.

＊There are carp in the pond.

＊There are two ducks in the pond.

＊An old woman is feeding carp in the pond.

There is a bridge over the pond.

＊An old man has dropped his glasses in the pond.

There is a cat under the bench.

A man is playing the guitar under the tree.

A little child is standing between his mother and father.

＊There is a restroom in the shade of the trees.
There is a cap on the bench.
＊Children are playing on a slide.
A boy is sitting at the top of the slide.
Children are playing in a sandpit.
(Children are playing in a sandbox.)
A toy train is going through the sand mountain.
Two girls are playing on a seesaw.
A kite is flying above the trees.
＊There is a dragonfly on the fence.
＊A baby is sleeping in a big buggy.
There is a ball between the trees.
There is a park office at the gate.
＊A butterfly has gotten into the park office through a window.
＊There is an ice cream stand under the tree.
A girl has dropped her ice cream on the ground.
There is a cicada on the tree.
＊An old woman is reading a book under the tree.
There is a roof over the rest area.
＊A dog is sleeping under the table.
＊There is a bird in the tree.
The sun is shining in the sky.
A plane is flying above the clouds.
A parking lot is near the gate.
＊There are some bicycles by the gate.
There is a park map by the gate.
There is a vending machine by the gate.
A man is selling balloons at the gate.